아직도 홀로서는 명상

현형수 시집

현형수 시집

아직도 홀로서는 명상

도서출판 푸름사

■ 책머리에

현재도 언젠가는 시간이 더하면 과거로 소멸된다. 때로는 과거는 더욱 이상적인 희망으로 새로운 지평을 열거나 추억으로 회생하기도 하지만 세월의 무게감은 인간이 지니는 한계성이기도 하다.

시집을 낼 때마다 화두로 지니는 시적 의미의 여러 요소들도 종국에는 우리 인간도 하나의 자연이라는 점이다. 다양한 환경적 여건과 여러 분별력의 요소도 함께하려 세상과 세월에 귀 기울이며 이 시집을 상재한다.

2019년 봄

천미川尾 현 형 수

차례

제1부 아직도 홀로서는 명상

제2부 흔적 남기기

제3부 오감의 시각

제4부 눈眼길의 흔적

제5부 은혜를 위하여

1부

아직도 홀로서는 명상

아직도 홀로서는 명상

어제 본 빼어난 산그림자는
오후 늦게서야 돌아왔다
처음의 정서를 간직하지 못하고
바람 부는 대로 횡설수설하며
다만 그림자의 시늉으로
산山의 이마를 넘고 있었다
야생의 때 묻지 않은 얼굴들을 격려하며
일제히 겨울이 흔들리는 곳으로
길은 점점 산 안에 갇혔다

모든 것은 분위기 안에서
빛들의 풍경을 옮기고
뼛속 깊이 자연으로 흔적을 드러내고
사철 아늑한 둥근 목소리로
자라나는 몸체를 다독이며
어둠의 그림자가 기승을 부리는
세월을 기다리는 나무들처럼
차례로 아득한 명상으로 저물어 갔다
간혹 자신도 모르게 떠나는 것들을 기리며

열차 안에서

열차가 천천히 터널을 지나올 때
반대편에서 스쳐가는 열차 안에서
무딘 시선으로 잠시 생각 없이 보았던 사람
순간의 윤곽과 표정 아래
다소곳이 눈이 마주친 그 사람
몇 군데의 역을 통과해도
잠시 규정되지 않은 시각 아래
내 마음을 붙들고 있어
그는 이 시각 어디쯤 가고 있을까
어디 사는 누구이며 무슨 이유로
어디로 가고 있는 것일까
하나의 비련으로 혹은 행복을 마중하며
이 짧은 순간 나와 시선을 마주쳤을까
아직도 철교를 지나는 여울 안에서
둥지를 틀고 있는 우리 두 사람
언제부턴가
오늘의 인연을 함께 지녔을까

개화開花

내가 하고자 하는 일
언제나 자기 안에 운명처럼 간직하는 것
이쁜 듯 보란 듯 생애를 살아가며
하나의 희망으로 솟구치는 희열

언제 어디서나 삶을 지탱하는 버팀목으로
의미를 찾는 기나긴 여정과 결과는
하나의 시작과 근사한 마무리보다
최선을 다하는 존재의 의미로
기회를 실기하지 않는 것이
성공의 지름길인 것을

오늘도 익명의 시간을 말하며
운치 있게 멀리서 보는 나의 운명은
위로와 인내심을 평정하는
뿌리 깊은 신념으로 오는 것인가
이 아침 시간이 행간을 건너는 모든 것이 빛나다

수확기

이리도 맑은 가을 하늘 아래
새들 무리
동구 밖에 옹기종기 모여
신나게 먹이를 쪼고 있다
일찍 온 풍년가를 부르며
사람들이 근처에 와도
놀라지도 귀 기울이지도 않는 새들이
서로들의 밀어로 교신하며
지천으로 익어가는 과일들 보며
초록 웃음 건네며
풍년가를 부르는구나
공해와 매연으로 찌든 이 지구도
이 계절만큼은 흥겹다며
한 옥타브 높은 음으로
새들 마을나무 당산나무 아래서
종일 쫑알대고 있다

할미꽃

적막한 산비알에
낯선 무덤가의 할미꽃 하나
정녕 순애보 사랑으로
이 세상 다하도록
할비의 넋을 지키는 것일까

무리지어 바람이 지나고
가끔 지나는 길손들에게
세상사 귀담아 듣고
별이 총총 돋는 밤이면
할비 곁에서 조근조근 정성으로
얘기 들려주고
심심한 세월 아랑곳없이

이따금
새들과 여울물에 박자 맞주며
오늘도 할비 생각으로
불면증으로 날이 새는
저 할미꽃의 전설 하나가

멀고 가까운 것

나를 더욱 낮추며
세상을 분별하는 마음을 가지면
더욱 먼 곳을 볼 수 있게 되듯이
태생적 한계로 온갖 삶을 사는
이 세상의 모든 것의 의미도
거룩한 교훈으로 스스로를 다짐하며 사는 것

건전한 정신 안에 명경같이 보이는
또 다른 경이를 표적삼아
작은 것에 얽매여 자신을 비루하게 하거나
더욱 비참한 굴욕은
그대를 좀먹는 곰팡이 같은 것

새로이 그대 마음 안에
등불로 태어나는 겸손 안으로
그대 더욱 낮추어 한세상 살게나
한때 실수한 언어들 수습하며
또 다른 명예로 더욱 먼 곳을
바라볼 수 있을 때까지

시詩

시를 쓰는 것은
인생의 숙제 하나를 힘겹게 푸는 것이다

시를 쓰는 것은
지금 갈 길과 먼 길을 갈
수행 하나를 간곡히 염려함이다

시를 쓰는 것은
그윽이 맑은 세상사는 섭리와
정신 하나를 오롯이 간직함이다

시를 쓰는 것은
언젠가는 나를 내려놓고
이승을 떠날 채비와
후회 없는 지상과의 이별에
미리 답장을 주기 위함이다

한세상

순종을 극기로 남은 생애를 담아내면
무엇 하나 남는 게 없어
여린 말에 귀 닫고
주어진 생애를 긍정적으로
행복과 창조를 기리면
낯선 하루는 의미 있게 여물고
아직도 몸밖의 낯선 세계는
자유와 필연으로 나와 함께하는 것

아직도 세상의 모든 것들은
나를 아득히 시험하고 있는데
무조건의 순종은 너무 일러
내 안에 오롯이 담을
인생길 찾아 헤매는 날

그대들의 소문만큼 이 세상은 수월하지 않아
다시 한번 하늘을 우러러
극기로 평정심을 유지해 보는 날
저 해안가 기슭에
천년을 홀로 사는 청정한 소나무 한 그루처럼

추억 속의 명상

나의 한생애를 열혈한 불꽃이었을까
순간을 빛나게 지킨 섬광이었을까
이제는 소멸해서 다시 돌아오지 않을
기억 밖의 소리들을 미리 듣는다

아직도 생존의 기억 밖에서 서성이는
어릴 적의 풀냄새 꽃향기
여울따라 흐르던 호들기소리
간밤에 하늘의 별이 되어
내 동공을 관통하여 떨어지던
내자內子의 눈물 한 방울은

아, 이 밤 창밖을 가로 질러
밤을 저어가는 저 새는
신神과의 교감을 위한 전령인가
나의 우울증 밝히는 새벽 안에서
유형무형으로 지나는
지난날의 영상을 보다

인생사

언제나 안전의 힘은
심혈을 기울이는 데서 오는 것

웅대한 포부도 부유함도
이름 없는 한 골짜기를 지나는 물과 같고
스스로 베푸는 것은
한 고행으로 우물을 파는 것 같아
깊을수록 더욱 맑고
오묘한 진리를 터득할 수 있어
이 세상의 번뇌와 시름은
생살 돋는 아픔 같아
결코 부귀에 연연하지 않기다

무한의 힘으로 하늘에 닿는
견고한 생生의 동아줄을 잡듯이

마음으로 오는 화평은
나무들 유목의 사이처럼
깊이 간직할지어다
내 안에 또다른 부처가 살듯이

제주

파도소리 한결 높은 이정표 밖에서
이리도 종일 서럽게 우는구나

하나 둘 고향사람 떠나 보내놓고
흔적과 자취따라
숫기 없는 사랑 눈물 자국따라
돌담길 돌아돌아
하루방의 몸짓으로 오는
저 바닷가의 심심한 배는 어디서 왔을까

만경창파를 물리치며
수평선에 어리우는 심연의 물결따라
무늬를 지우며 피안으로 닿는
낯선 돛선 하나가
오늘은 제주의 이름이 되는구나

신비의 웃음

필시 웃음은 사랑과 호감과
더불어 함께하는 공감에서 온다

우리가 신뢰하는 믿음이
무한대의 영역을 넓히고
더없는 아량과 이해심으로
자존심이 되는 웃음

언제나 그대 가까이서
한 인생의 산소와 양지가 되는 것

언젠가 그대의 위기와 절망의 순간
타인으로부터
고독과 외로움의 그늘에서
그대를 구원하는 웃음은
우선 남을 배려하는 원인에서
각별한 향기로 오늘도 수줍다

자존심

기대는 늘 어긋나지만
늘 올곧은 정신으로
내밀한 관계의식을 가지는 사람은
혹독하게 자신을 가꾸는 사람이다
가령 순교와 동경 같은
이 세상의 실체가 지배하는 의식 속에
몸소 체험하는 실존적 자아는
오늘도 길을 나서는 순간부터
그대의 희망 가꾸기의 화두가 되는 것을

순간순간이 아득한 기억 저편으로 사라지듯이
그대 가까이 있는 면밀한 이유들이
이 시각 하나씩 소멸을 거듭할 때
그대는 또다른 지혜로
이 세상의 사유들을 돌아볼 일이다
노을 이후 둥지를 찾는 새들처럼

오늘 이후

살며 살아가며
때로는 생애를 탓하며
억울해 목메이는 사람
혹은 운수소관으로 치부하는 사람들은
유형무형의 결과는
언제나 자신에게 있다는 걸
먼저 알아야 더욱 튼실한 생生의
가치관을 지닐 수 있다는 것을
미리 알았으면 하네

변명과 호도된 이유는
교묘한 자신의 방어일 뿐
성공과 행복의 근원은
자기 관리와 처신에서 온다는 것
미리 알았음 하네
흔들리지 않는 굳건한 맹세로
일찍 깨닫는 자가 언제나 이기는 것처럼

겨울산

우람한 근육질의 설산
곡기 잃은 나무들의 기이한 몰골들
모든 나무와 숲들 침몰시키고
광풍으로 산야를 휩쓰는 정월

새들의 메아리도
능선을 건너지 못하는 동장군으로
모든 것은 죽은 듯이 이별을 준비 중인데
이미 해골이 된 수령 깊은 나무들만
봄맞이 기도로 정중한데

산속 깊은 성황당의 울긋불긋한 치장들만
얼음장 같은 소원들
하나씩 지키고 있는
설산의 세한도歲寒圖

허물 벗다

애벌레 오늘
허물 벗다
축복처럼 하늘 맑고
알맞은 온도의 자유 천지
그간 일시 빌린 옷을
사정없이 그늘에 벗어놓고
화들짝 놀란 가슴
애써 진정시키며
시작의 첫걸음을 놓는다

길 안에서
길 바깥을 서성이며
아슬한 벼랑 끝길을
허공을 더듬이 삼아
낮달 걸린 공중을 묘기로
겨우 기댄 나뭇가지 위에서
태초의 하늘의 무게를
짊지고 가다

2 부

흔적 남기기

새출발

각고의 노력 이후에
비로소 물꼬 트는 저 심대한 길은
지금 어디쯤일까
이 세상에 눈뜨는 온갖 사물들은
오늘도 여러 갈래로
나의 눈길을 마주하고 있는데
끊임없는 정진과 필사의 노력만이
생애를 다스리는 것이라며
옹골찬 희망 하나로
어둡고 차가운 유형지를 벗어나야 하나
결코 배 지난 물위 흔적 없고
새 날아간 허공에 자취 없듯이
이 세상의 살아있는 모든 것들은
현재의 압박감에서 벗어나
어서 홀로서라 하네
그것이 스스로 이기는 것이라고 말하네
오늘도 나의 존재를 허물며
소박한 하루의 허상 앞에
내일의 길을 묻다

물소리

밤새 들리던 물소리
어디쯤 갔을까
부스스 눈뜨는 첫새벽
별들의 이마를 지나
적당히 온기를 나누는 바람들과
마을마다 지나는 전설이나 신화를 들으며
지금 몇 백리 머언 산기슭에 닿아
천리가 지척인 듯 꿈꾸고 있을 물소리들

산수유 산바람에
유유히 파도처럼 일어서는 강마을의
영롱한 아침을 깨우고 있을까
혹은 설레는 마음 안에 무너지는
축복 같은 이 하루의
먼동 트는 물소리로
어디쯤 닿고 있는가
그대의 귓전을 메아리치던
그때의 그 물소리는

태풍전야

바다가 부릅뜬 눈으로 용트림할 때마다
고분고분하던 새들은 둥지로 서둘러 돌아가고
또 하루의 고통을 껴안은 하루방들은
어긋난 돌담길을 새로이 챙기고
갯바위의 낚시꾼들도 어지럽게 돌아갈 즈음

먼 데 하늘에서 한꺼번에 몰려가는 구름무리들
제주의 산천경계를 허물듯
억수같은 빗줄기로 화답하는데

한바다의 배들은 뒤뚱뒤뚱
틈사이 해안가로 숨고
간이 콩알만해진 사람들은
비명같은 숨소리를 감추는데
온천지가 캄캄한 가운데
꿈결에 어머니의 한 말씀 다녀가시디
놀래지 마라
그래도 제주도는 바다보다 높응게
저- 보아라 한라산은 요지부동 아니냐

꽃들의 절규

절정의 다른 꽃들이 서로 어울려
손짓과 눈짓으로 수화를 한다

지금 이 현란한 모습으로
결코 죽지 말고
이 아름다운 향기를
영원히 간직하자고

낮과 밤을 천지신명에게 기도하며
오늘도 세월 모르는 푼수로
의식을 꽃피우며
목메인 절규로
벼랑 끝 기도를 실어보내는
상류와 하류를 점령한 꽃천지
강변의 봄맞이

흔적 남기기

인간은 모두들 어디로 가느뇨
언제나 한결같이 내 주변에 서성이던 사람
어느날 보이지 않고
무심코 소문으로 듣던 그 사람의 부음
그리고 아득한 세월동안 소식 없는 그 친구
모두들 어디로 갔을까
한갓 미물들도 사철 질서를 세우며
삶을 도모하며 기척을 두는데
스스로를 간수하며
내 곁에서 나의 부근에서
스스로의 이름으로 빛나던 그 사람
도대체 어디로 갔을까
유랑자여 오늘은 어디로 도피하는 꿈 꾸는가
침재된 오늘을 잊고
현재의 비애와 고통을 인내하며
저 푸르른 나무들의 잎맥처럼 나부껴야 한다
도약을 위한 몸부림으로
어디서든 그대의 그림자라도
지상의 흔적으로 남겨야 한다 그대여-

돌탑

바닷가의 수많은 돌탑을 이루는
무수한 돌 하나하나가
얼마나 무수한 사연을 지녔을까
한생애의 소원을 얻기 위해
물속 깊이까지 헤엄쳐 가
누군가의 손길이 정성을 이룩한
저 돌탑의 무리들

능력이 쇠잔하여 구원의 손길을
혹은 소원성취를
신神에게 초심으로 갈구했을
이승과 저승 사이
여러 천년을 공든 탑이 되어
우리들의 약속이 안 보이는 그쯤서
오늘도 돌들의 무리
한바다를 지키누나

겨울 아득한 그곳

엄동의 칼바람 이리도 사나운데
봉우리 기슭마다
종일 먹구름 흐드러지게 휘도는 곳
육신을 땅속에 눕혀 놓고
밤마다 그리도 허전한 마음과
그리움 적시는 사람 있어

연둣빛 저녁노을 푸른 숲속에 저물면
꿈결에도 아늑한 호숫가
유유한 백조 한 마리 이야기 삼아
밤을 지새며
지난 세월 눈물로 회상하는
밤은 이리도 깊어가고

생전의 화안한 꽃처럼 웃으며
소담한 이야기 안에서
그윽하게 나를 마중하던
그 사람 차마 못 잊어

결과보다 과정

언제나 마침표로 오는 결과보다
현재에 이르는 과정이 더욱 소중해
때로는 분에 넘치는 영광과
혹은 참담한 실기로 토로하는 울분보다
인내와 각고의 노력으로
자아로 이끌어가는 평정심이
언제나 인생의 웃머리에 놓이는 것

백 마디 말보다
스스로 행동으로 실천하는 하나의 의지가
그대 한세상을 굳건히 지키는
지름길이지
오늘도 앞서거니 뒤서거니
흘러 흘러가는 저 구름
언젠가는 유유히 하나가 되듯이

푸른 봄맞이

입춘의 강가에
푸른 물의 심장이 떠다닌다
어디쯤 누구와 교감하며
눈부신 푸른 바람으로
무시로 잎과 꽃을 피울까

일어나라 바람이여
오늘은 누군가의 가슴 안에
꽃으로 피어
나란히로 정답게 마주보는 이 강산
한세상의 입구와 출구는
늘 같을 수는 없지만

나란히로 가는 동행이
저 물의 심장같이
새싹들의 표정처럼
언제나 이 강산의
그리움이었음 하네

7월의 제주

약관의 나이로 떠나온 내 고향 제주
먼 바다의 용틀임 바위
수심어린 제주 바다와
한없이 교신하며
밀물 썰물이 적당히 교차하는 곳에서
영겁의 전설 하나 올려놓고
종일 파도로 울어쌓는데

갯가엔 낯선 사투리들을 부려놓은
관광객들의 수다한 언어들이
한라산을 가리키는 오후
하루방은 오늘도
소금기 어린 하소로
7월의 땡볕을 말린다

윤회론

마음 비워 가볍게 떠나려 하네
온갖 궁색한 변명과 사연
비열한 거짓부렁 팽개치고
현재를 홀가분하게 벗어나고 싶네

날이면 날마다 메아리로 여울져오는
세상사 홀가분히 잊고
해맑은 저 바람과 동무하며
기실은 이 한세상 아무 미련 없이
벗어나고 싶네

푸른 별이 떨어지는 우주 안의 자연 속으로
이파리 너울거리는 은하수 건너
신神과 교감하며
태생적 한계를 극복하며
한세상 살고 싶네

내 안의 당신

아직도 내 눈썹미에 얹히는
아득한 당신
내 안에 영원히 죽지 않을 꽃으로
설핏 닿는 그 미소
명경 같은 그리움 안에
꿈속에서라도 그대와 함께
무지개 고운 날들을
다시 한번 볼 수 있을까

달그림자 열어가는 푸른 새벽
산과 마을은 그쯤서
서둘러 하루를 몸단장하고
길은 어렴풋이 행로를 밝히는데
눈 닦고 귀 열어 듣는
동구밖의 까치 울음소리
오늘은 또 누군가의 주인공이 되어
그대와 나 하루의 입담으로
그 옛날처럼 정겨운 하루가 되었음 하네

길손

울음이 미어지는 가슴으로도
나는 길을 나서고 싶다

눈송이 펄펄 나는 산야를 뒤로
아직도 이파리 하나 돋지 않는
뼈만 앙상한 나무들 지나
갑자기 살肉에 닿는
얼음 찬 바람에도 나는 길을 나서고 싶다

마을 지나 들과 광야로
한 고뇌를 훌훌 털며
누군가 어떤 빌미로 완벽히 차단한
비밀한 그곳에
설령 고통스런 미래의
눈물이 있다고 해도
나는 오늘 길을 나서고 싶다

귀신

벽촌의 깊은 산
달 없는 밤에 유령의 등불
누군가의 산소에 앉아 있다

숨소리 하나 없이
한많은 억울한 한세상 타령하며

푸른 새벽 북받치는 설움 안고
왜소한 그림자와 더불어
하늘의 동아줄로 혼불을 붙잡고

저승으로 저승으로 오르는
반딧불이의 무리

꿈자리

인생의 삼분지 일은 잠
무엇을 꿈꾸나
혼자만의 희망과 행복을
일확천금으로 세상에 군림할 왕관을
혹은 몽상가의 수다처럼
구름 잡는 식의 허무한 꿈자리를
전형적인 현실에 근거한
내면의 세계에 존재하는 꿈은
어쩌면 자기 발전의 초석이 된다
게으름뱅이의 늦잠에도
세상을 개척하는 가능성을 인지할 수 있는 꿈은
그래도 현몽 아닌가

우리들의 꿈 안에서 보는 미래는 허상이다
자신을 소통하는 꿈의 안에서 생성되는
모든 것의 시작과 마감의 꿈은
오직 미완성으로 탐구할 뿐이다

앞과 뒤 돌아보기

오늘 극복하지 못한 참담한 번민
내일은 웃음으로 오네
그대 바라보는 눈길과 마음 안에 자리한
첨예한 요령도 함께 할진대
너무나 고통스러워 하지 말게

한치 앞을 내다볼 수 없는 인생사
공덕을 쌓을 수 있는 기회가 된다면
얼마나 뜻있는 보람이랴
가끔은 뿌리 깊은 후회도
때로는 당찬 용기로 환원될 때를 보라
모든 것은 때로는 앞서가고 뒤서가기도 하지만
그대 경망한 조급증을 거두시게

인생은 길고도 먼 항해
근심 걱정 미리 내려놓고
무릇 극복할 수 있다는 신념 앞에
그대 정신을 바르게 놓으시게
오직 낯설고 눈먼 기회도 비로소 그대 것일세

3 부

오감의 시각

오감의 시각

무릇 사물을 파악할 수 있는 거리는
너와 나의 시각의 경계로
오감의 인식에 따라 차별성을 가지는데
언제부턴가 앞순위는 중시되고
천시되는 후순위의 이 세상

오늘도 때와 장소에 따라
한세상 내내
신열을 앓는 앞과 뒤

이른 봄 잎보다 먼저 꽃을 피우는
나무들 아래
미처 계산 않은 열애로
후순위의 꽃들이 미리 몸살을 앓는다

쓴 약

쓴 약은 몸에 좋다지만
이리도 체험으로 오는 고달픈 세상사
이쁜 꽃의 향기로 환생할까
일생을 달래며 반성하며
육신을 비우고 단정히 해도
결코 오지 않는 봄

실속 없는 허명을 버리며
속절없는 한세상
타고난 업보 하나와 친구하며
공명정대하게 살며
누를 끼칠 일 하나 없어도
어쩔거나
쓴 약이 몸에 좋다지만

물의 완성

높은 곳의 물은 자기 위치에서 닿을 수 없는 생을 위해
스스로 낮은 곳으로 흘러흘러
삶을 촉진시키는 자양분이 된다

오늘도 숙성과 발아를 거듭하는
무수한 생명체들을 보며
이를테면 거만과 오만을 이기는
겸손의 해독제로 자처하며
낮은 곳으로 더욱 낮은 곳으로 닿기 위해
새로운 길을 내고 더욱 필요로 하는 자를 위해
자신의 오장육부를 모두 내어주며

그의 몸이 해체될 때까지
온 지구 곳곳을 누비는 방랑자로
마침내 최후의 승리자가 되는 물은

수확과 결실

고된 일 끝에 먼 길 끝자락에 먼저 앉고
그리운 곳도 언젠가는 꼭 눌러앉아
마음의 평정심을 자기 환원으로 치부한다면
참으로 밉상이지
모든 행동과 과정은
실존과 완성으로 가는 하나의 과정인데
값어치 있는 일 완성하는데
결코 앞과 뒤가 없어
오직 차례만이 최선의 수확과 결실로 오는 것
기회를 실기하지 않고
자신의 자리에서 올곧게 최선을 다하듯이
후회하지 않는 운명처럼
오늘의 나를 명상하는 사이
불시에 나의 24시가
파도소리를 흉내내며 가을을 건너왔다
하나의 예감처럼 규칙 안에서 아주 조용히

대자연

자연은 언제나 무한의 생명으로 열려 있는 것
계절따라 태생따라
푸른 숲 생명과 빛깔의 조화
더없이 신비로워라
철따라 잎과 꽃으로 피고지고
알맞은 음양으로 운치 있게 세상을 장식하고
혹은 서로의 말없는 소통으로
먹거리를 채집하며 생명을 유지하는 것

자연은 언제나
무수한 역량과 섭리로
온전하게 이 세상을 지키며
모두의 삶을 보존해 주는
크나큰 조물주의 역량
어디선가 오늘이 가기 전
또 하나의 잉태와 발아로
여러 백년의 나이테를 짐지고 있는
나무와 숲들의 맹세여

명상 이후

더러는 여유롭고 마음 한가한 날
일상의 잡다한 생각에 물음표를 갖게 되면
현명한 생각과 생전의 희망은
도무지 생각나지 않아
이윽고 열혈한 기도로 소원을 빌면
그윽이 맑고 정한 마음에
평시의 지극히 은혜로운 길 하나 열려
오오, 자유로운 생각 안에
현재를 인내한 신비로운 날

어느덧 소심하고 우울한 날 가고
현실을 극복한 위대한 희망 하나
아직도 내 안에
슬기롭게 간직하고 있어
양지바른 곳에 움트는
맨처음의 새싹처럼

삶의 무게

고백하건대
어제를 오늘처럼
오늘을 내일처럼
나를 반성하고 슬기롭게 살면
인내와 고통은 상징으로만 남을 것
스스로를 더욱 정화하고
자신을 가꾸고 철저히 관리하면
이 세상에 곤혹한 것과 불평은
자연 치유되는 것
늘 명상으로 온후한 자신을 기리며
푸르름으로 산다면
나를 괴롭히던 모든 것들과
골몰한 생각들은
깊이 있는 조화로움으로
다시 한번 탄생할 것을

가뭄

땡볕은 종일 서서 울고
모두들 하늘 향해 삿대질하며
가뭄에 피 마르는 소리

넓고 우람한 광야엔
바람에 뒹구는 모래와 황사들
초근목피들 고개 숙이고
이 마을 저 마을 기우제로
동네 고샅길이 바쁜데
타는 목마름의 농부들 퀭한 눈으로
타령조의 억울한 운수소관으로
기진맥진의 혼미한 의식의 순간에도

갈고리 같은 손으로 먼지 폴폴 나는 개울 파며
애끓는 절규로 하늘님과 신神을 불러보며
진종일 애꿎은 갈증만 씻는 해거름

생生과 사死

무한한 희망의 가치를 전재하는 삶
의식하지 않는 가운데
한평생 우리와 함께하는 그림자처럼
생生은 고귀한 일생의 반려자

우리들도 모르는 사이 하늘에 돋는
별들의 항해처럼
오늘도 메아리처럼 오는
삶과 죽음의 경계 사이
세상에 결코 영원한 것은 없지만
살아가면서도 잊고 사는 삶과 죽음 사이
아직도 내게 무한한 할 일이 남았다는 징표 아닌가

그대의 한 상실처럼
오늘도 수수께끼 같은 물음표 하나
만화경으로 보는 새벽
인생에 대한 깨달음 하나
꿈속으로 오다

달집의 불

정월대보름에 꽃불 타는 소리
만경창파는 저 멀리서 삿대질인데
논밭에서 둔덕에서 마을에서
신나는 바람몰이로
대풍의 올해 농사 두손 모아 기도하며
천지신명과 조상님께 경배하며
신기루와 같은 꽃불로 탄원하는
저 간절한 소망과
원대한 꿈과 희망으로
온강산에 타는
정월대보름의 꽃불놀이
온천지가 불이여
하늘로 하늘로 오르는 맹렬한
저 불 좀 보아

오월

싱그러운 녹음이다
산천경개 넘나드는
나비와 벌들
여울 지나 동산 지나
아지랑이 꽃향기에 설레는데
초록 보리들도 고요히 머리 숙여
더 맑은 공기에 희열하는구나

솜털구름 지나는 비탈의
산찔레꽃 무리
푸른 하늘 벗삼아 앵초꽃 무리와
이쁜 자태로 남南으로 차례로 경배하고
나이테 깊은 노송의 가지마다
이끼 푸른 전설이
남풍들과 수작이 한창인 오월 초입

잔인한 세월

다시는 너를 만나지 못하고
가난한 겨울도 가고
바다 기슭엔 조금씩 화창해 가는 봄
너는 아직도 소식 없고

봄새들 부지런히 새로운 하늘 열기 위해 부산한데
이리도 밀물져 오는 그리움은
이제는 아무 쓸모없어
그저 일어섰다 앉았다
먼 산 바라보기로
하루가 내용 없이 저물고
너의 무덤에 우주의 무게로 뚫고 나온
잔디 푸른 봄이
신기루 같은 형상으로 나를 보누나

오늘도 이리도 통곡과 한세상의 외로움으로
장승처럼 서서
억울한 제주의 하루를 위로하다

망각 속에서

오늘 이후의 시간을
도무지 짐작조차 못하고
또다시 하루를 체념하는 우울로
매일 천만근의 무게로 오는 이 업보
이 세상에 누군들 미욱한 자기 몸 하나
간수 못하랴
돌부처같이 정심 속에 간직한
무수한 이별과 만남
그렇게 생각하다 보니
나의 그림자는 늘 비어 있었구나
뒤돌아볼 수 없는 촌각의 시간
이미 그 순간 너는 떠나고
순식간에 잊은 철없던 맹세
순간을 밝히다 이미 잃어버린 시간들
어찌할거나
누구나 한번은 왔다 가는 인생
현세를 알맞게 분수껏 간직하며
못 잊을 소망 하나 간직할 수 없을까
못 잊을 그대여

꿈에서 꿈을 묻다

유령처럼 밤새 따라다니는
등골 오싹한 꿈자리
문드러진 육체와 괴상망측한
저 육신의 살기 돋는 웃음소리
동터 오는 새벽을 기다리느라
정신은 더욱 혼미한데
밤새 내 정신을 갉아먹고
아직도 내 머리맡을 서성이는
모골 송연한 꿈자리
수없이 할퀴고 난도질 당해도
아직도 빼앗기지 않는
나의 해골은 어디쯤 있을까

나와 너

아내 가고난 후
적막같은 빈집에서
홀로이 신음하다
어쩌면 또 하루의
이 무서운 고독을 이길까 생각하며

집안 곳곳에 깃든
아내의 체취에 함께
산다는 의미를 반추하며

잠결에도 아내와 동거하고 있다는
생각으로 행복한 이 하루
내 언젠가 하늘나라로 가는 날
그대 만날 것을 꿈꾸며
세상 곳곳에 미리 그대 이름 불러보며
고요의 또 하루가 가다

유체이탈

무엇인가 근원이 되어 몰입하는 순간
어느덧 나는 나를 벗어나 있다
무릇 한세상의 삶을 뒤돌아보면
순간의 희망은 간 곳 없고
후회와 원망 아쉬움만 각인되는데

이미 유체이탈인 양
실체가 없는 미래와 뒤척이는 잠결에
자정의 시계가 초점어린 눈으로
말없이 나를 지켜볼 뿐

이 시각 나는 누구이며
오늘 이후의 나는 어찌될 것인가
퀭한 눈으로 동터 오는 아침이
나를 물리치며 세상을 밝히며
오늘 하루를 옥죄는 날

4부

눈眼길의 흔적

도전

인내와 고통 그리고 좌절된 실의로 산 한세상
가끔은 인간의 과장된 몸짓 지체 없이 벗어두고
모든 것 잊고 자연으로 홀로서고 싶어
이 밤 달그림자에 내 정신과 사유 벗어둔 채
젊은 날의 청운의 내 정기를 모아
영원히 죽지 않는 별이 되어
이 한세상을 밝혀 주고 싶어

인고의 한세상
이리도 가슴 미어져 잠 아니 오는 밤
이승에서 이루지 못한 꿈
파랑새 되어 나이테를 다시 열어놓고
새로운 희망의 삶 기리며
못다한 꿈 이루며 오오, 돌아가리
내일을 후회하지 않는
흰 이랑 깊이 새싹 돋는 마음자리로
내 결코 무심히 서있는 자연들로
새로운 깃발로 나부끼리라
그리하여 한 자유처럼 남은 세월 맞이하리

수명

정시를 알리는 기둥 시계 보며
내 나이를 자꾸만 덧셈하는 버릇이 생겼다
오늘의 한 시간을 더하고
남은 하루의 시간을 계산하면
더욱 짧아지는 수명

누구 하나 관심 갖지 않고
위로해줄 사람 하나 없어
더욱 외롭고 고독한데
햇살도 가리지 못한 눈물자국

오늘도 목매어 기도하며
이후의 나를 생각하며
미리 떠나간 사람들의
전언을 읽는 하루해가
더욱 낯설다

눈眼길의 흔적

오늘도 수많은 눈길들이 모여서
나를 들여다보며 지키며
때로는 시험하며
하루를 이룩하는 근본이 된다

저 눈길들은
얼마나 많은 인생의 지혜와 감격과
오해와 교만을 감추고 있을까

속을 들여다보려 해도 결코 볼 수 없어
필시 머나먼 날의 결과로만 남는 것

오늘도 수많은 사람들의 눈길들이
서로들의 암호와 교신으로
나를 시험하며
약속이 안 보이는 그곳에서
통곡같은 절규로
나의 지친 시선을 내려놓네

나무와 숲

나무와 숲은 처음부터 자유다
새들이 종일 노래하건 말건
여울물이 내는 길따라
계절마다 꽃이 피건 말건
광활한 대지의 가뭄과 습지를 지나
맑고 온유한 말들의 유행을 지나
오늘도 푸르름의 물빛 같은
그리움 안으로
투명한 마음 안에 깃든
바람 한 점 올려놓고
지상으로 돌아오는 무한의 공간에서
한 뼘씩 키를 높이며
처음부터 그들의 평화를 기리다

오해

잠 안 오는 깊은 밤
한 사람의 마음속을 들여다본다
그리고 그의 이름을 해부하며
눈과 코와 입술 피부며
그리고 차츰 또렷이 기억되는
얼굴의 윤곽 사이로
그의 과거를 들여다본다

밤은 더욱 깊어가고
불면의 밤은
기어이 그의 내장까지 들여다본다
도무지 이해가 되지 않는
그와 나의 인연과 관계를

이윽고 동창이 밝아오는 창가에
기이한 모습과 지극한 수심으로
새벽 3시의 이름으로
나를 들여다보고 있다

현실과 이상 사이

집착은 언제나 병이 되는 것
어떤 한계를 극복하는 것도
앞뒤의 경계가 있어
결코 인생은 초월의 경지에 도달해도
상처뿐인 영광인 것을

모처럼 맑은 마음 안에 깃드는
생각 안으로
우주의 섭리를 보다

언제나 분수에 맞게끔
형평성을 가지는 그 안에
무릇 뜻이 되고 길이 되는
미래가 있는 것

스스로 안정한 마음 안에
그대의 꿈과 이상도
정녕 현실로 오는 것을

산행

산비탈길 힘겹게 오르다
멀리서 듣는 물소리 새소리
적요한 숲속의
청아한 공기 한 아름에
잠시 시름을 잊는다

아직도 물소리 깊지 않은데
동공 속의 햇볕으로
나무들의 물관을 일으키는 피돌기로
기슭의 양지를 어루만지는
이른 아침

어디선가
봉오리 깊은 꽃망울 하나
맑은 기슭 아래 옷을 벗고 있겠다

하루 이야기

어둡기만 한 생각 안에
다소곳이 귀 기울이며 듣는
세상 이야기

요즈음의 세상은 참 무섭지
티이브와 신문
온갖 설화 속에 혹은
미리 듣는 전언들로
내일의 이 세상은 더욱 무섭지

자꾸만 어지러운 잡다한 이야기 속에
감옥에 갇힌 듯
말없음표로 저무는 이 하루
여명은 또다시 약속처럼 오고
타협을 모르는 완강한 인생의 뒤안길에서
이 하루도 내 안의 길을 다시 묻다

번뇌

하늘과 땅 사이 무한대의 세상
그리고 함께 지평을 열어가며
살며 살아가며 누리는
자유와 평화 그리고 번뇌와 열락을
가식 없는 마음으로 헤아려보니
내 의식 한가운데로 지나는 현기증
그리고 보이지 않는 미궁속의 미래여

나는 지금 어디쯤 와 있는가
나의 생애는
타령조로 곱씹는 깊은 밤
후드득 떨어지는 빗방울들
이승의 머나먼 이별을 예고하듯
갑자기 무섬증이 드는데

오오, 살아온 길, 살아갈 길
이정표로 깃드는 나의 나이테가
먼 시야의 등불처럼 아슴한
밤을 홀로 지키다

반송 盤松

수많은 태풍과 비바람에
가지마저 꺾이고 뒤틀어져
몰골마저 볼썽 사나운데
소담한 밥상처럼
철근 같은 완강한 뿌리라 하여 얻어진 이름
훗날 뭇사람들의 칭송과 위안이 될 줄이야
모진 추위 잘 견디며 수명이 길고
드높은 기개와 위용으로
우리 백의민족의 정신과도 닮아
조경수로도 깊은 애증을 갖는 것
반송에 걸린 솔바람이 무리로 앙탈부려도
옹골찬 기백으로 우뚝 서서
사철 보란 듯 운치 있는 모습으로
하늘을 우러러는 저 푸른 기상

세상살이

스스로 자아를 깨우치며
무아로 가는 수행은
필시 한세상의 공덕일 것이다

감정을 다스리며 마음의 길을 열어도
곳곳에 자리한 보이지 않는 벽들
움직이지 않는 사물들을 단속하며
하늘이 주신 명줄 아래
현재의 삶을 감읍하며
나의 이름으로 부족함을 기도하는 날

비탈을 건너는 새 한 마리 공중에서
억겁을 수행하는 몸짓으로
어렵사리 우주를 건너다

늘푸른 소나무

만추의 가을
온 산야를 단풍으로 물들게 한 저 자태도
푸른 잎 올곧게 간직한 소나무만 하랴

계절을 달리하는 기후와 혹한의 엄동에도
처절한 눈송이 송이 사이에서도
굳건하게 푸른 잎 단장하고
묵묵히 세상 지키는 저 소나무의 기상
배달민족의 얼처럼
온갖 모진 풍상에도 늠름한 자태로
산과 들 강토를
온전히 지키는 반도의 솔들

오늘도 무수한 나무들 제압하며
드높은 기개로
삼천리 조선의 강토를 호령하누나

언어들의 영상

모두들 자기 밖을 나온 말들이
온 지구를 헤매고 다니는 것을 모르지

서로의 실체에 숨어
밤과 낮 잠자리에 들 때까지
혼돈의 중심에서 그대를 할퀴며
낯선 땅 낯선 곳을 헤매며
지혜를 빼앗고 우정을 낯설게 하고
오해와 오기를 부풀리며
어느날 온세상을 점령한
그대가 무심코 버린 그 한마디 말이

오늘도 온지구를 끊임없이 유랑하며
영영 소식이 끊긴 그대 마음속을
아린 듯 애태우는 것을
그대는 정녕 모르지

삶의 굴곡

긴장된 마음 안에 슬그머니 기생하는
혹은 무시로 시간에 쫓기는 조급한 마음으로
언제나 화火를 키우는 원인이 되어
그대를 유린하며 좀먹는 것
하여 미래의 꿈과 이상을 황폐시키는 것
살며 살아가면서
심신의 안정은 성장과 비례하는 것

인생의 시련과 고통은
결코 부귀와 빈곤으로 비교하지 말기다
오롯이 평정된 마음 안에 깃드는 화평은
언제나 슬기로운 지혜를 깨우치며
내일을 기약하는 것

스스로를 다스리는 것은
한 발아를 위하여
무수한 씨앗들이 뻗어간
나이테의 강건한 의미를 되새김이다

봄의 전령

종일 눈과 귀를 붙들며
먼 지평에서 생성되는 3월의 꽃바람
빼어난 용모로 단장하고
새소리 바람소리 물소리를
한 소절 앞서가며
이렇게 꿈으로 오는 신기는

의식의 순간을 지나
또 하루를 골몰해야 할
명상을 지니는 이른 봄

이 순간
세월 밖의 그리움처럼
입춘의 강가에 아득한 풍경처럼
배 하나 띄어놓고
물결의 파도가 무늬지는 그쯤서
서로 다른 세계의 내일을 꿈꾸는 이는

관계

서로 마주하며 응시하는 눈
그 안에서 적당히 선 긋고 경계하며
서로의 마음 안을 들여다보는
사람들 사이에 점지되는 행복과 불행도

때로는 일생의 영광과 부귀도
혹은 화근이 되어서 돌아오는
처절한 상실도 서로의 탓이다

눈과 정신의 간극 그 안에서
생성되는 소멸과
새로운 인생보기는
그대의 각고의 노력과 성실로 탄생되는
또 하나의 그대 운명이다

5부

은혜를 위하여

제주의 봄

서귀포의 치자꽃
바람이 기울어지는 쪽으로
그림자를 눕히고
고요를 지키는 먼 데 한라산
봉우리 구름 한 점
풍경에 감전되듯 유유한데

마음 가장자리 뒤척이는 기별은
온종일 소식 없어
야생화 도리질하는 꽃바람에
저 홀로 저무는 길들을 보며
오늘도 천년을
이끼 푸른 전설로 서있는 하루방과
그대 귓가에 닿지 못할
제주의 신비로 하루가 저물다

은혜를 위하여

아직도 도착하지 못한 길
목적을 향한 길손인듯 구도자인 양
스스로 찾아가는 자유처럼
허공을 헤매듯 이정표 찾아가는 오늘은
가끔은 비 오고 바람 부는 낯선 날에도
온갖 궁상을 마주하며
한 체험의 실마리를 풀어가며
허무처럼 정처 없이 걷는 길

누군가 비로소 마주보며 힘겹게 잡은 손
그것을 운명이라 했던가

이 하루도 세상을 사랑하며
방랑자의 길손임을 자인하는
역류하는 내 심장에
누군가 내 이름표 하나 기억하고 있을까
낯선 날 낯선 곳에서
하나의 이정표이듯

소통

어제는 이미 과거이고
내일은 곧 미래이지만
볼 수도 못 볼 수도 있는 것
오늘도 온종일
심심한 강물로 쓸리는
저녁 놀빛 응시하다
문득 기억 밖에 머문
오해 하나의 근처에서
온종일 헤매다
소통이란 시어 하나를 단련시키며
나를 옥죄던 마음 그늘에서 벗어나던 시간
그립던 과거는
간밤의 맑은 이슬에서 깨어난
소통이 이룩한 기적 하나와
종일 씨름하다
어제는 이미 과거이고
내일은 곧 미래이지만

산책을 하며

아직도 으슥한 담안골 새벽
청산골 금빛 뭉게구름 우뚝 솟은 창공에
갈까마귀떼들 새끼 데불고 함께
녹음 우거진 아침길을 난다

조용한 생각들을 거느리고
숲속의 산책길을 물끄러미 바라보며
푸른 잎 감로같은 이슬 사냥하는
일벌들과 아침을 유람하며

명상속의 깊은 얘기 스스로 소담스레 나누며
나이테를 헤어보는 동안
시방 살아있는 모든 것들이
소싯적 고향의 그리움처럼
일제히 길을 나서다

인생 곡예

사람아 이승을 하직할 때
결코 한세상을 원망하지 마라
언제나 하루를 최선을 다해 살면
기회와 꿈은 오직 그대의 것일진대
더러는 존재와 삶이
권태로와도
현재는 오직 그대의 몫인 것을
좀더 젊어지는 꿈과 이상으로 세상을 보면
그대의 미래를 예견할 수 있거니
한세상 그대의 삶은
스스로 가꾸며 이룩하는 것
세상과 세월을 원망하는 것은
그대 심장을 겨누는 칼과 같을지니
지상에서 각별한 기별로 오는 모든 것을
사랑하며 용서하거라

환영

가을 저물녘
태양은 역광으로
온산을 물들이는데
잠시 지나온 길 뒤돌아보니
우거진 숲과
여울물과 아스라한 벼랑
그리고 거친 폭풍우와 고통

한 고비마다
인생을 건넌 추억들이
층계보다 높은 벽으로
허공에 우두커니 걸려 있네

이미 내 안에서 조금씩
깊어지는 생각들이
언제부턴가 둥지를 틀고 있듯이
이제 먼 데서의 물처럼
낮은 곳으로 더욱 낮은 곳으로 흘러야겠네

가족

운명과 혈연으로
볼모로 잡힌 숙명 같은 것

서로의 격려와 정성으로
하루를 오롯이 섬기며 감사하는 것

사랑과 애정으로
하나의 존재로 빛을 기리는 것

어떠한 고통의 순간에도
함께하는 길잡이로 한세상 극복하는 것

언제나 한 울타리 안에서
더불어 함께하는 운명같은 것

명상의 안과 밖

내 고독의 기슭을 걷는 시각
모든 경이로움은 심심한 안부를 전하는데
모두들 약속의 생각들 하나씩 거느리고
웅비하는 미래를 위안 삼아
암울한 잉여시간을 달래며 떠나는 시각

누군가 산바람과 함께 옮겨오는
휘파람 한 소절 그리하여
하늘은 눈물꽃으로 아련한데
멀리 한 무더기 잎들로 피는 나무들
그리고 지나가는 바람의 몸짓 사운대는
댓잎 푸른 몸매

아직도 푸르름의 견고한 미래 하나
내 안에 불씨로 남았을까
다시 한번 마음 열어보는 날

산에 오르면

산에 오르면 지상의 모든 것들의
복종을 볼 수 있다
세상의 부조리와 가난과 오만
그리고 연민으로 하소하는 눈물겨운 기도를
무료한 하루의 침묵도 산에 오르면
내일의 언약을 미리 점지할 수 있고
머언 인생의 항로도 예견하며
새로운 비약을
그리고 더욱 멀리 보이는 아슬한 미래도
깃발로 나부끼는 것을
산에 오르면 정상이 아니어도
미로로 흩어지는 인간의 모든
눈길과 발길을 붙들 수도 있다
오늘도 가깝게 멀리 보이는 풍경 아래
그대 마음도 소잡은 생각 하나로
웅비하는 당찬 희망을 본다
산에 오르면

풀꽃

이름 없이 한평생을 산다
땡볕과 음지의 그림자 아래
여울소리 새소리 하나 없는
빈곤하고 척박한 후미진 곳에서

혹은 황폐하고 비탈진 모롱이
겨우 서로의 체온에 몸 기대며
한 생애를 담보한 채
운명인듯 숙명이듯 그렇게 산다

사방에 시선 하나 줄 곳 없는
외지고 황폐한 땅
아무도 보아주지 않는 척박한 땅에서
오로지 순종으로 한평생 이름 없는
그의 주검을 홀로 눕히는
억울한 삶이여

가을과 겨울 사이

어느덧 겨우내 마른가지에
물오른 능금들 차례로 황금빛으로 여물어
초록의 녹음들 사이로 더욱 화사한데

고요 속에 구름 한점 없는 하늘 보며
시름으로 보낸 한 겨울 이겨내고
꽃단장의 몸매로
주렁주렁 매달린 분신들과
발 아래 융단처럼 자라는
민들레 친구하며
하루가 더욱 정겨운데

벌써 음지의 과수원엔
노오랑으로 물들어가는 일찍 온 가을이
저승처럼 우울을 앓고 있는 능금과수원

어떤 망각

내가 언뜻 나를 돌아보며
망각 속에 잠기는 날
태양의 긴 햇살은 시공에서
구름무리의 문양들로 유유한데
잠시 잊은 나를 무심히 돌아보는
담안골 체육공원

언제 어디서나 그 위치에서
풍경이 되는 나무들과
온갖 잡새들은
오늘 따라 하나도 보이지 않고

문득 정맥이 들나는 나의 푸른 손
얼마나 힘겨운 한세상을 건너왔던가
무릇 세월을 헤아리는 동안
어느덧 노을에 잠긴 물상들이
시작의 처음처럼
나의 이름으로 함께 망각 속을 들여다보는 날

악몽

꿈에서 꿈을 보았다
이루지 못할
그리고 도저히 현실이 되지 못할
꿈속의 꿈
뜻과 희망으로 결코 요행으로
운수로 결코 내 앞에 설 수 없는 꿈을
새벽 서늘한 공기 속에
창을 열고 냉수 한 사발로
삿대질을 하며 꿈을 물리친다

거미

하늘이 내려준 형벌로
수명을 다할 때까지
잔혹한 운명처럼
온몸의 고통으로 실을 뽑아
사방 경계로 덫을 놓아 먹이사슬로
아슬한 생명을 유지하는 미물

혹여 소경의 눈으로
운수 사나운 놈 하나 걸리면
전신의 기를 모아 오감을 곤두세우며
날카로운 이빨을 세우는 저 왕거미

울타리 외에는 모두 하늘이라
긴긴 밤을 덫에서 헤어나오지 못하게
상대가 탈진할 때까지
번뜩이는 눈으로 24시를 감시하는
오- 저 피 끓는 오기의 승리

향수

마당엔 한 무더기의 모깃불
멍석 위에 둘레상 차려놓고
총총한 하늘의 별들 헤며
한 그릇의 식사로 배부른 하루를
소담스레 이야기하는 밤
멀리서 파도소리 벗삼아
울음 우는 바닷새

지붕 위엔 전설처럼 웅거한
달빛 하얀 박들
천년 이야기로 저무는데
소싯적 이별한 동무들의 근황
가끔 귀밝이로 들으며 별을 헤이는 밤

지금 어디 낯선 고장 어디선가
무딘히도 내 이름 부르며
그리워하는 황혼의 친구 하나 있을랑가

괭이갈매기

고양이 소리를 닮아 괭이갈매기
눈매 부리 끝 날카로우면 번식기라
눈꺼풀이 더욱 붉어

단애한 절벽의 벼랑 끝
음지의 귀서리 둥지
새끼들 숨겨 놓고
부챗살같이 온바다를 휘저으며
먹이사슬을 찾는 강인한 본능

태종대 절경의 바다 위
오오 방랑자 하나
오늘도 하늘의 길잡이가 되어
한 점의 바다 위 소실점이 되는
괭이갈매기 하나

| 작품 해설 |

교훈과 의미적 삶을 유화한 잠언적인 시편들

– 현형수 시인의 시세계

시인 최 창 도

교훈과 의미적 삶을 유화한 잠언적인 시편들

– 현형수 시인의 시세계 –

시인 최 창 도

순수한 마음이 정신세계에 내재된 유일한 존재론으로 각인될 때 비로소 시인이 인지하는 방향에 따라 살아온 삶과 현재의 정서, 그리고 미래보기와 목적의식에 따라 시적 높이와 깊이로 표징될 것이다. 이는 순수한 감성 안에서 통찰력을 가지는 동기부여와 발상적 의미와 설정도 한몫 할 것이기 때문이다.

현형수 시인의 각고의 노력과 현실극복으로 살아온 한세상을 통한 깊은 통찰력과 유미적으로 여과한 인생관, 그리고 주성주의직인 시고를 합일한 끊임없는 탐구의식으로 주체적인 역량 안에서 살아있는 것들과 소외되는 것, 그리고 소멸 이후의 자연을 매개체로 인간세계를 추적하는 시들을 일별해 보는 것도 의미가 있겠다.

어제 본 빼어난 산그림자는
오후 늦게서야 돌아왔다
처음의 정서를 간직하지 못하고

바람 부는 대로 횡설수설하며
다만 그림자의 시늉으로
산山의 이마를 넘고 있었다
야생의 때 묻지 않은 얼굴들을 격려하며
일제히 겨울이 흔들리는 곳으로
길은 점점 산 안에 갇혔다

모든 것은 분위기 안에서
빛들의 풍경을 옮기고
뼛속 깊이 자연으로 흔적을 드러내고
사철 아늑한 둥근 목소리로
자라나는 몸체를 다독이며
어둠의 그림자가 기승을 부리는
세월을 기다리는 나무들처럼
차례로 아득한 명상으로 저물어 갔다
간혹 자신도 모르게 떠나는 것들을 기리며

———「아직도 홀로서는 명상」 전문

이 시에서 주체화되고 있는 홀로서기는 현재와 과거, 미래를 암묵화하고 있다. 좀은 고독하고 외로운 현재를 반추한 세월과 시간대를 공유하며 명상 안에서 자신의 탈출을 극명하게 시도하지만 점점 자신을 옥죄는 주위를 형상화하며 주지적 삶으로 접근하는 현재를 끊임없이 시도하는 여러 시어들이 참으로 빼어나다.

전반부의 〈처음의 정서를 간직하지 못하고/ 바람 부는 대로 횡설수설하며/ 다만 그림자의 시늉으로/ 산의 이마를 넘고 있었다〉와 후반부의 〈사철 아늑한 둥근 목소리로/ 자라나는 몸체를 다독이며/ 어둠의 그림자가 기승을 부리는/ 세월을 기다리는 나무들처럼〉은 시적 의미와 회화적 요소는 다르지만 동질성의 분위기와 내용미의 일정한 내재율을 감성 안에서 형성되는 시적 발효를 상승시키는 전개는 자못 감동적이다. 전반부와 후반부를 9행으로 나뉜 이 시는 표제어에서 보듯 명상과 정서 안에서 각인되고 있는 현 시각의 상황이나 인식의 관계 구성으로 대별되는 다양한 면모를 밀도 있게 재구성하고 있다. 종국에는 동류의식의 환원이 가지는 모티브motive를 압축하며 시너지synergy 효과도 가미한 시이다.

사실 우리 안에 내재된 마음과 정서 안에 정신을 합일한 정답은 결코 없으리라. 결구의 〈간혹 자신도 모르게 떠나는 것들을 기리며〉에서 보듯, 우리 인간은 언제나 어디서든 현재진 행형이 아닌가.

우람한 근육질의 설산
곡기 잃은 나무들의 기이한 몰골들
모든 나무와 숲들 침몰시키고
광풍으로 산야를 휩쓰는 정월

새들의 메아리도
능선을 건너지 못하는 동장군으로
모든 것은 죽은 듯이 이별을 준비 중인네
이미 해골이 된 수령 깊은 나무들만
봄맞이 기도로 정중한데

산속 깊은 성황당의 울긋불긋한 치장들만
얼음장 같은 소원들
하나씩 지키고 있는

설산의 세한도歲寒圖

———— 「겨울산」 전문

겨울 산경이 가지는 풍경을 압축 응집된 시어들인 얼음장처럼 차갑고 서늘한 상징성을 유효적절히 배분한 이 시는 1연의 〈기이한 몰골들〉, 2연의 〈이미 해골이 된 수령 깊은 나무들만〉, 3연의 〈얼음장 같은 소원들〉에서 보듯 질식할 듯한 가공할 요소들을 계절이란 이미지로 형상화하면서도 계절이 주는 윤회론을 직시하고 있다. 2연의 〈봄맞이 기도로 정중한데〉, 3연의 〈산속 깊은 성황당의 울긋불긋한 치장들만〉은 우리 인간의 강인한 삶의 욕구와 생활적 요소를 응집함으로써 처절한 자연적 요소를 극복해 가는 인간 승리와 생동감을 뉘앙스nuance로 절묘한 타이밍으로 가미한 시인의 탁월한 시적 순발력에 감탄하지 않을 수 없다.

점층법의 이 시는 시적 기법이나 언어 기교보다 우선 시인의 독창성을 지닌 시 속에 몰입한 신명이 간결하고도 우람한 단호한 이 시를 재탄생시킨 맥점이 아닌가 싶다. 그렇다. 우리 인간은 어떠한 고통과 시련, 극한적인 상황에서도 본능적인 이상과 꿈 하나씩은 용광로 같이 마음 안에 지니고 있을 것이다. 만약 그마저 무너진다면 정신적인 자아상실로 스스로의 소멸을 재촉할 뿐 아닌가.

이 시의 이면에 긍정적인 요소를 강조하고 있는 암시성이 매우 심플simple한 것도 이 시의 주체의 뿌리의 미학일 것이다.

밤새 들리던 물소리
어디쯤 갔을까
부스스 눈뜨는 첫새벽
별들의 이마를 지나

적당히 온기를 나누는 바람들과
마을마다 지나는 전설이나 신화를 들으며
지금 몇 백리 머언 산기슭에 닿아
천리가 지척인 듯 꿈꾸고 있을 물소리들

산수유 산바람에
유유히 파도처럼 일어서는 강마을의
영롱한 아침을 깨우고 있을까
혹은 설레는 마음 안에 무늬지는
축복 같은 이 하루의
먼동 트는 물소리로
어디쯤 닿고 있는가
그대의 귓전을 메아리치던
그때의 그 물소리는

———「물소리」 전문

여기서의 물소리는 시간과 세월을 회자한다. 우리가 흔히들 자연적 풍경과 시각과 청각적 의미를 일별한다면 '새소리', '바람소리', '물소리'일 것이다. 주지적 삶을 교훈적으로 직시한 이 시를 우리 인간이 어떤 목적의식을 위해 의연하게 살아가는 개연성도 함께 지니고 있다. 살며 살아가며 어떤 상황과 현황에 부딪히면 세월이 묘약이요 답이다라는 지론을 명징짓고 있는 이 시는 군더더기가 없는 쉬운 시어들을 재련하며 의연을 확장하고 있다. 반복어 형식의 '물소리'로 음위율을 살린 시로 자연과 더불어 어떤 하모니가 가지는 음악적 요소의 영상미도 갖추고 있는 묘미를 지니고 있다.

전반부의 〈밤새 들리던 물소리/ 어디쯤 갔을까〉, 후반부의 〈그대의 귓전을 메아리치던/ 그때의 그 물소리는〉는 하나의 도치법으로 변화를 준 것은 공감각적synesthesia 이미지를 이분법한 듯한 환상마저 갖게 한다.

어릴적 듣던 그 물소리가 현재의 나이에 와서도 어떤 세월의 상징감을 주고 감성을 더한 세월로 표징되는 과정을 〈마을마다 지나는 전설이나 신화를 들으며〉 〈천리가 지척인 듯 꿈꾸고 있을 물소리들〉 〈먼동 트는 물소리로/ 어디쯤 닿고 있는가〉에서 보듯 실존적 자아를 대비시킴으로써 궁극적으로는 시각적인 관찰의 의미를 상상력으로 복원시킴으로써 이면에는 현재의 시인을 자성론으로 환원시키는 역할도 하고 있다고 보아진다. 평범한 주제를 보다 깊이와 무게와 정서로 합일시킨 가작이라 할 수 있겠다.

인간은 모두들 어디로 가느뇨
언제나 한결같이 내 주변에 서성이던 사람
어느날 보이지 않고
무심코 소문으로 들던 그 사람의 부음
그리고 아득한 세월동안 소식 없는 그 친구
모두들 어디로 갔을까
한갓 미물들도 사철 질서를 세우며
삶을 도모하며 기척을 두는데
스스로를 간수하며
내 곁에서 나의 부근에서
스스로의 이름으로 빛나던 그 사람
도대체 어디로 갔을까
유랑자여 오늘은 어디로 도피하는 꿈 꾸는가
침재된 오늘을 잊고
현재의 비애와 고통을 인내하며
저 푸르른 나무들의 잎맥처럼 나부껴야 한다

도약을 위한 몸부림으로
어디서든 그대의 그림자라도
지상의 흔적으로 남겨야 한다 그대여-

———「흔적 남기기」 전문

이 비연시는 철학적 종교적 의미를 가미시킨 실존주의와 허무주의를 일견 조합시킨 본질의 의미를 찾아가는 과정에서 현실을 탈피하려는 역설적 변증법의 심리를 유화한 시적 내용미를 주체화시킨 시이다.

인간의 존재 탐구는 자아의 내밀한 위상 설정에서부터 기초한다. 절대적인 가치론의 인생을 비극적 인생과 삶을 동기로 현재의 삶을 보다 안정시키고 재생시키려는 수련의 의미를 담은 시로 서민적인 일상의 애환에서 공감을 주는 여러 요소들을 합일하며 감명을 주는 때와 시기를 일별함으로써 궁극적으로는 삶의 희망과 소망을 함께 긍정적으로 도모하려는 시로 주지적 잠언적 내용미를 함축시키고 있다.

너무나 다양하고 복잡다단한 이 세상에서 오로지 자기중심의 삶에서 벗어나지 못하는 시각에서 잠시 여유를 갖고 돌아보니 인간관계와 인연과 생활 사이에서 동류의식과 더불어 함께하는 동행은 이미 보이지 않고 낯선 사람끼리의 처절한 삶의 선생리가 필연이 되고 있는 삭막한 이 세상을 간접적으로 비판한 이 시는 독백체의 모놀로그monologue로 상징성에 무게감을 더하고 있다고 하겠다.

마침표의 결구 없이 전연을 이끈 시인은 아직도 이 세상의 상황이 현재진행형임을 암시하고 통절히 가슴앓이하고 있다고 보아진다. 비교적 쉬운 시행으로 섬세한 감각과 날카로운 시대상의 맥점을 유지시키는 시인의 시적 수사는 시인의 높은 시적 역량에서 오는 깊이일 것이다.

아직도 내 눈썹미에 얹히는
아득한 당신
내 안에 영원히 죽지 않을 꽃으로
설핏 닿는 그 미소
명경 같은 그리움 안에
꿈속에서라도 그대와 함께
무지개 고운 날들을
다시 한번 볼 수 있을까

달그림자 열어가는 푸른 새벽
산과 마을은 그쯤서
서둘러 하루를 몸단장하고
길은 어렴풋이 행로를 밝히는데
눈 닦고 귀 열어 듣는
동구밖의 까치 울음소리
오늘은 또 누군가의 주인공이 되어
그대와 나 하루의 입담으로
그 옛날처럼 정겨운 하루가 되었음 하네

———「내 안의 당신」 전문

내자內子를 잃은 이후 생전의 부부 돈독함을 애끓는 사랑하므로 절규하는 이 시는 회상적 관조와 현재의 심리적 상태를 밀도 있게 재구성하고 있다. 형식적인 요소를 배제하고 주제를 소화하는 여러 화자들이 특징성을 지님으로서 전반부와 후반부의 심리적 상황 전개를 이분법하는 양면성을 도출하는 기법이 참으로 압권이다.

그리고 시행 중 〈아직도 내 눈썹미에 얹히는〉 〈명경 같은 그리움 안에〉〈무지개 고운 날들을〉, 후반부의 〈달그림자 열어가는 푸른 새벽〉〈서둘러 하루를 몸단장하고〉〈그대와 나 하루의 입담으로/그 옛날처럼 정겨운 하루가 되었음 하네〉에서 보듯 더할 수 없는 사랑의 극치미를 존재론으로 의미를 서경화로 명징짓고 이별 이후의 공허함과 그리움을 영원히 잊혀지지 않을 사랑의 구도 설정을 각인시킨 일련의 시어 배열들이 참으로 눈부시다.

전반부의 닿을 수 없는 소원을 후반부의 자조적인 현실의 상황적 요소를 이미지image화 시킨 발상 전환으로 더욱 감성적 발아를 높인 이 시는 전, 후반부로 시행을 구분 짓고 2가지 뜻을 나타내는 중의법 형식의 특징성을 지닌다.

울음이 미어지는 가슴으로도
나는 길을 나서고 싶다

눈송이 펄펄 나는 산야를 뒤로
아직도 이파리 하나 돋지 않는
뼈만 앙상한 나무들 지나
갑자기 살肉에 닿는
얼음 찬 바람에도 나는 길을 나서고 싶다

마을 지나 들과 광야로
한 고뇌를 훌훌 털며
누군가 어떤 빌미로 완벽히 차단한
비밀한 그곳에
설령 고통스런 미래의
눈물이 있다고 해도

나는 오늘 길을 나서고 싶다
——「길손」 전문

하나의 고통과 시련, 그리고 자조와 울분으로 현재의 심경과 감성의 기복을 여과 없이 토로한 이 시는 직유시로 분류되지만 제목에서 보듯 어쩔 수 없는 환경과 여건, 그리고 극복할 수 없는 재앙이나 신체적인 일부 손실이나 심신미약으로 현재를 탈피할 수 없는 '나그네'로 표징되는 의미적 요소를 목적어로 하고 있다.

주지적 삶을 교훈적 삶으로 여과 순화한 시로 혼돈과 경쟁의 사회에서 결코 낙오하거나 실기하지 않고 어떤 희망적 상황을 실현하기 위해 각고의 노력으로 현재를 탈출하려는 감성과 심성을 매개체로 한 이 시는, 3연의 각 결구에서 〈나는 길을 나서고 싶다〉에서 보듯 보다 절박한 생生의 처절한 심경 토로의 동어반복어가 시작의 발아요 중심이요 대단원이 되고 있는 것이다. 시간적인 압박과 공시적共時的 효과로 어느 곳이든 길을 나서면 유토피아적 상황은 아니더라도 새로운 길, 즉 지금보다 적극성을 지닌 희망적 상황이 기다리지 않겠는가 하는 새출발의 근거를 전면에 호소력 있게 기술하고 있는 이 시는 어떤 영감inspiration에 초점을 맞추고 있다. 제목의 〈길손〉은 '나그네'적인 마음을 직시한 것으로 보인다. 존재의 의식은 언제 어디서나 삶을 유지하는 동안 탐구의식을 전제한다. 시적 긴장을 내면의 축소판으로 극명한 맥락을 전개하는 시인의 시어 구사를 높이 평가하고 싶다.

무릇 사물을 파악할 수 있는 거리는
너와 나의 시각의 경계로
오감의 인식에 따라 차별성을 가지는데

언제부턴가 앞순위는 중시되고
천시되는 후순위의 이 세상

오늘도 때와 장소에 따라
한세상 내내
신열을 앓는 앞과 뒤

이른 봄 잎보다 먼저 꽃을 피우는
나무들 아래
미처 계산 않은 열애로
후순위의 꽃들이 미리 몸살을 앓는다
——「오감의 시각」 전문

의미적 요소를 규율한 잠언적 요소의 시이다. 우리 인간의 상황과 한생애를 사유와 과정과 결과론을 자연인 꽃을 도입하여 의인화personification한 이 시는 이상주의와 자기 능력과 현대의 표준, 그리고 현실을 고려하지 않은 출세지향주의를 간접비판한 주지시를 교훈적 삶으로 여과한 시이다. 어쩌면 주체적 역량 안에서 소외되는 모든 살아있는 것들의 대척점에서 그 척도를 분별하는 은유metaphor와 일부의 풍자satire를 가미했다고 볼 수 있겠다.

우리 사회에 만연한 일등주의와 우선주의를 연관짓고 주위를 의식하지 않고 최고를 표방하는 일꾼으로 인해 파생되는 각종 부조리와 소외감을 일목요연하게 함묵하고 있는 이 시의 요체는 1연의 〈언제부턴가 앞순위는 중시되고/ 천시되는 후순위의 이 세상〉과 3연의 〈미처 계산 않은 열애로/ 후순위의 꽃들이 미리 몸살을 앓는다〉이다.

이 시의 의미적 구조는 주관적인 근원에서 비롯되는 한의 구조에 초점이 맞추어져 있어 전통적인 우리의 유가사상에서 비롯되는 차례와 순서, 그리고 질서를 은연중 환기시키는 데 맥점을 놓고 있다고 보아진다. 인문학 중심의 한학에 깊은 조예를 가지고 있는 시인의 무한한 시적 역량에 감탄할 뿐이다.

쓴 약은 몸에 좋다지만
이리도 체험으로 오는 고달픈 세상사
이쁜 꽃의 향기로 환생할까
일생을 달래며 반성하며
육신을 비우고 단정히 해도
결코 오지 않는 봄

실속 없는 허명을 버리며
속절없는 한세상
타고난 업보 하나와 친구하며
공명정대하게 살며
누를 끼칠 일 하나 없어도
어쩔거나
쓴 약이 몸에 좋다지만

———「쓴 약」 전문

시인은 비교적 짧은 시행과 간결한 문체, 그리고 참신한 시행을 선호하는 듯하다. 그렇다. 주제를 산만하게 서술하거나 내용미의 복잡한 시적 기술을 여러 각도에서 해체하며 암시성을 강조하는 일련의 추상시나 초현실주의의 시들은 아직도 현대시의 주체가 되지 못하고 변방의 시로 꾸준히 실험시의 계열에 머물고 있을 뿐이다.

이 시는 동어반복어의 시행을 처음의 시작과 결구에 놓음으로써 보다 확실한 메시지의 효과를 극대화하고 있다. 여러 가지 힘든 인생사의 시련과 고통, 그리고 우직한 삶을 여과 순화하며 정도正道를 지향해 가고 있는 소시민의 그늘을 집합하고 있는 이 시는 언젠가는 희망적인 사안과 미래를 바라보는 감격을 소원하며 현재의 처지와 삶을 타고난 업보로 명징짓고 모든 것을 비우고 반성하며 성찰하며 묵묵히 인내해 가는 삶의 과정이 참으로 눈물겹다.

그러나 언젠가는 꿈꾸는 미래의 희망과 꽃피는 한 시절이 올 것이려니 생각해 보며 현재를 극복하며 자조해 보는 삶, 즉, 〈쓴 약이 몸에 좋다지만〉의 시행에 자꾸만 눈물이 나는 것은 우연일까.

수많은 태풍과 비바람에
가지마저 꺾이고 뒤틀어져
몰골마저 볼썽 사나운데
소담한 밥상처럼
철근 같은 완강한 뿌리라 하여 얻어진 이름
훗날 뭇사람들의 칭송과 위안이 될 줄이야
모진 추위 잘 견디며 수명이 실고
드높은 기개와 위용으로
우리 백의민족의 정신과도 닮아
조경수로도 깊은 애증을 갖는 것
반송에 걸린 솔바람이 무리로 앙탈부려도
옹골찬 기백으로 우뚝 서서
사철 보란 듯 운치 있는 모습으로

하늘을 우러러는 저 푸른 기상

———「반송盤松」 전문

시인이 살고 있는 지명인 반송동을 일컫는 반송盤松을 여러 형상의 각도와 우리가 갖는 마음과 정신을 일탈한 이 시는 사실 키가 작고 옆으로 둘레로 퍼진 소나무를 동기부여로 재생시키고 있다. 그 반송의 지형학적 모양과 지금의 발전상을 의미한 여러 중심을 시인은 줄곧 의미 깊게 보아오며, 즉 제주의 노스탤지어를 오랫동안 삶과 생활의 기반이 된 반송을 제 2의 고향으로 낙점하며 긍정심과 자부심을 갖고 있다고 보아진다. 직유와 시각시로 변모시키며 애향심을 논리적으로 비약시킨 이 시는 역동적인 표현미에 기교를 구분짓는 시행들이 전연체를 이끌고 있는 점이 서로의 상관성을 지닌다고 하겠다.

한국적인 정서와 정감이 가감 없이 주조를 이루는 이 시는 반송盤松이란 동적인 의미로 부활 재생되고 있는 의미론을 주의 깊게 볼 필요가 있다.

일견 자신을 단련시키며 일깨우며 또다른 애향심(?)과 행복으로 미래의 동력을 얻고자 하는 의지가 표출된 시로 즉, 반송=자신임을 각인시킨 공감적 의미를 상징성으로 조화를 얻고자 함이다.

그리고 무한과 유한 사이에서 시적 이미지image를 상생의 원리로 재조명한 긍정적인 인간애적 가치관과 생활 면모를 삶의 깊이와 접목시키겠다는 의지 표출도 함께한 시로 보인다.

이제 중견시인으로 네번째 시집을 상재하는 현형수 시인은 시인의 내성을 관찰할 수 있는 보다 견고한 시로 그의 시적 특

성의 여러 상황적 면모와 생경감과 미래보기로 보다 밝고 투명한 자화상을 각인시키며, 체험과 경험으로 다시 부활하는 인간 존재론으로 서정시의 영역을 떠난 또다른 시적 실험을 하고 있다고 보여진다. 더욱 큰 시인으로 거듭나기를 바랄 뿐이다.

현형수 시집

아직도 홀로서는 명상

인쇄일 | 2019년 4월 22일
발행일 | 2019년 4월 30일
지은이 | 현형수
펴낸이 | 최장락
펴낸곳 | 도서출판 푸름사
주 소 | 부산광역시 부산진구 부전로 35, 301호(부전동, 삼성빌딩)
전화 : (051)805-8002 팩스 : (051)805-8045
이메일 : doosoncomm@daum.net
출판등록 제329-2009-000010호

값 12,000원

ISBN 978-89-94839-25-7 03810

이 도서의 국립중앙도서관 출판예정도서목록(CIP)은 서지정보유통지원시스템 홈페이지(http://seoji.nl.go.kr)와 국가자료공동목록시스템(http://www.nl.go.kr/kolisnet)에서 이용하실 수 있습니다.(CIP제어번호 : CIP2019016008)